El cuidado de las mascotas

Los cobayos

Bobbie Kalman y Kelley MacAulay

Fotografías de Marc Crabtree

🌱 Crabtree Publishing Company

www.crabtreebooks.com

Los cobayos

Un libro de Bobbie Kalman

Dedicado por Kelley MacAulay
Para Victoria Lee, una maravillosa amiga

Editora en jefe
Bobbie Kalman

Equipo de redacción
Bobbie Kalman
Kelley MacAulay

Editora de contenido
Kathryn Smithyman

Editora de proyecto
Rebecca Sjonger

Editora
Molly Aloian

Director artístico
Robert MacGregor

Diseño
Margaret Amy Reiach

Coordinación de producción
Heather Fitzpatrick

Investigación fotográfica
Crystal Foxton
Kristina Lundblad

Consultor lingüístico
Dr. Carlos García, M.D., Maestro bilingüe de Ciencias,
    Estudios Sociales y Matemáticas

Consultor
Dr. Michael A. Dutton, DVM, DABVP
Exotic and Bird Clinic of New Hampshire
www.exoticandbirdclinic.com

Agradecimiento especial a
Devan Cruickshanks, Brody Cruickshanks, Heather y Tim Cruickshanks, Steve
Cruickshanks, Kyle Foxton, Doug Foxton,
Aimee Lefebvre, Alissa Lefebvre, Jacquie Lefebvre, Jeremy Payne,
Dave Payne, Kathy Middleton, Natasha Barrett, Mike Cipryk
y PETLAND

Fotografías
Marc Crabtree: contraportada, página de título, páginas 3, 5, 6, 7, 10, 11, 13,
    14, 15, 16-17, 19, 21 (izquierda e inferior derecha), 22, 23, 24, 25 (maderas),
    26, 30, 31
    Robert MacGregor: página 25 (excepto maderas)
Otras imágenes de Digital Vision, Comstock y PhotoDisc

Ilustraciones
Ilustrado en su totalidad por Bonna Rouse

Traducción
Servicios de traducción al español y de composición
    de textos suministrados por translations.com

Crabtree Publishing Company

www.crabtreebooks.com   1-800-387-7650

Cataloging-in-Publication Data
Kalman, Bobbie, 1947-
   [Guinea pigs. Spanish]
   Los cobayos / written by Bobbie Kalman and Kelley MacAulay.
      p. cm. -- (El cuidado de las mascotas)
   Includes index.
   ISBN-13: 978-0-7787-8457-9 (rlb)
   ISBN-10: 0-7787-8457-6 (rlb)
   ISBN-13: 978-0-7787-8479-1 (pbk)
   ISBN-10: 0-7787-8479-7 (pbk)
   1. Guinea pigs as pets--Juvenile literature.   I. MacAulay, Kelley.
II. Title. III. Series.
SF459.G9K2518 2006
636.935'92--dc22
                                                        2005036530
                                                        LC

**Publicado en
los Estados Unidos**

PMB16A
350 Fifth Ave.
Suite 3308
New York, NY
10118

**Publicado
en Canadá**

616 Welland Ave.,
St. Catharines, Ontario
Canadá
L2M 5V6

**Publicado en el
Reino Unido**

White Cross Mills
High Town, Lancaster
LA1 4XS
Reino Unido

**Publicado
en Australia**

386 Mt. Alexander Rd.,
Ascot Vale (Melbourne)
VIC 3032

Contenido

¿Qué son los cobayos?

Los cobayos son **mamíferos**. Los mamíferos tienen pelaje o pelo en el cuerpo. También tienen columna vertebral. Las hembras producen leche dentro de su cuerpo para alimentar a sus cachorros. Los cobayos pertenecen a un grupo de mamíferos llamados **roedores**. La mayoría de los roedores son pequeños y tienen dientes delanteros filosos que nunca dejan de crecer.

El cuerpo del cobayo

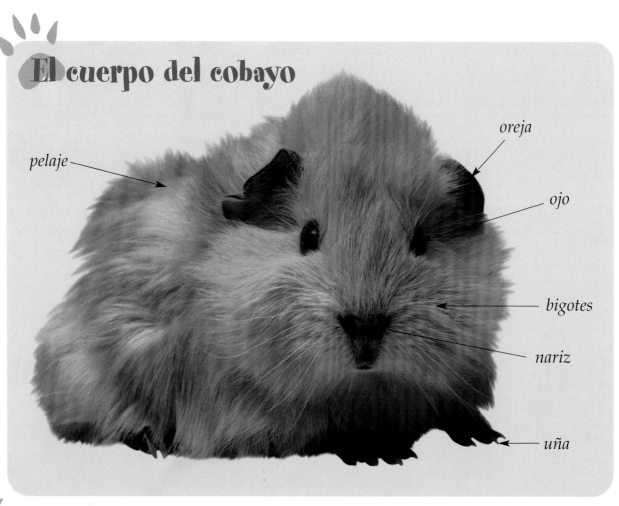

pelaje

oreja

ojo

bigotes

nariz

uña

Parientes vagabundos

Los cobayos también son conocidos como conejillos de Indias, pero en realidad no son conejos. Están emparentados con el **cuy silvestre**. Este animal vive en las montañas y praderas de América del Sur. Los cobayos que tenemos como mascotas también se conocen como cuyes o cuyos. El cuy silvestre no vive con las personas, sino en el campo, en grupos grandes denominados **manadas**. Construyen su hogar en **madrigueras**, o túneles. Los cuyes mascota son similares a los salvajes, pero viven en casas con las personas.

Los cobayos mascota no viven en madrigueras, pero también les gusta dormir en lugares oscuros y cálidos. Tu cobayo necesitará una caja con heno para dormir.

¿La mejor mascota para ti?

Los cobayos son excelentes mascotas porque son lindos, adorables y amistosos. ¡Les encanta estar con las personas! Sin embargo, cuidarlos puede ser mucho trabajo. Dependerán de ti para recibir comida y afecto todos los días. Necesitarás que un adulto te ayude a **acicalarlo** o limpiarlo, y a limpiar la jaula.

Una larga amistad

Los cobayos suelen vivir entre cinco y siete años. Tendrás que cuidarlos a medida que envejezcan.

¿Estás listo?

Las preguntas a continuación te ayudarán a ti y a tu familia a decidir si están listos para tener cobayos.

- A los cobayos no les gusta estar solos. Siempre deben estar acompañados por otro cobayo. ¿Tu familia está dispuesta a pagar el cuidado de dos cobayos?

- ¿Tienes tiempo para jugar con los cobayos y consentirlos todos los días?

- Los cobayos necesitan estar en una jaula grande. ¿Tienes lugar suficiente en tu casa?

- ¿Cuidarás a tus mascotas durante muchos años?

- ¡A los cobayos les gusta verse bien! ¿Tienes tiempo para acicalarlos?

- ¿Alguna persona de tu familia es **alérgica** a los cobayos?

Cobayos para todos los gustos

Hay muchas **razas**, o tipos, de cobayos. Los cobayos de **pura raza** son aquellos cuyos padres y abuelos son de la misma raza. Los cobayos **cruzados** son aquellos cuyos padres y abuelos son de distintas razas. Los pura raza son los más caros. La diferencia más grande entre las razas es el largo del pelo de los cobayos. En estas páginas se muestran algunas de las razas más populares.

*El pelo de los abisinios crece en **crestas**, o remolinos, en todo el cuerpo. Parecen un juguete de peluche.*

Los peruanos tienen pelo largo y sedoso. Hay que cepillarlos todos los días.

Los sheltie tienen pelo largo en todo el cuerpo menos en la cara. El pelo más corto les deja ver adónde van.

Si tocas el pelo de los satinados notarás que es muy suave.

Las crías de los cobayos

Los cobayos recién nacidos se llaman **cachorros**. Pueden nacer hasta cuatro cachorros al mismo tiempo en una **camada** o grupo. Los cachorros recién nacidos parecen cobayos adultos muy pequeños. Nacen ya cubiertos de pelo. ¡Hasta pueden ver y oír! Tienen mucha energía y les encanta correr y saltar.

Los cobayos se sienten seguros cuando están juntos. Los cachorros se acurrucan junto a la madre cuando se van a dormir.

Cerca de mamá

Los cachorros necesitan estar con su madre durante cinco semanas para que ella les pueda dar alimento y calor. Las crías toman la leche de la madre hasta que cumplen tres semanas. ¡Nunca separes a un cachorro de su madre demasiado pronto!

Amor entre los cachorros

Los cobayos pueden tener crías propias cuando tienen apenas cuatro semanas de vida. Los machos y las hembras deben separarse después de cuatro semanas para asegurarse de que no tengan más crías. ¡Ya hay muchos cobayos que necesitan un buen hogar!

Las crías de los cobayos son muy lindas, pero recuerda que pronto crecerán. ¡Los cobayos adultos son igual de dulces y divertidos!

Elige tus cobayos

Para conseguir cobayos, pregunta en el **refugio de animales** de tu localidad, o pregúntales a tus amigos o familiares si conocen a alguien que esté regalando cobayos. También puedes comprar cobayos en una tienda de mascotas o a un **criador**. Asegúrate de obtener tus mascotas de personas que cuiden mucho a los animales.

Qué buscar

Tus cobayos y tú serán buenos amigos durante muchos años. Esta lista te ayudará a elegir cobayos felices y saludables.

- Ojos brillantes y limpios
- Orejas limpias
- Pelaje grueso y brillante
- Nariz tibia y seca
- Cola limpia

Diversión con amigos

Recuerda que los cobayos necesitan compañía, así que necesitarás por lo menos dos. Lo mejor es encontrar dos hembras que ya sean amigas. Recuerda que si dos cobayos machos viven en la misma jaula es posible que se peleen. Si los cobayos son de más edad, elige dos que ya vivan juntos.

Al elegir cobayos cachorros, busca dos que sean de la misma camada.

Prepárate para tus mascotas

Antes de llevar los cobayos a casa, prepara todo para tus nuevas mascotas. En estas páginas aparecen algunas de las cosas que necesitarás para cuidarlos bien.

A los cobayos les gusta estar calentitos. Necesitan una caja con heno para dormir.

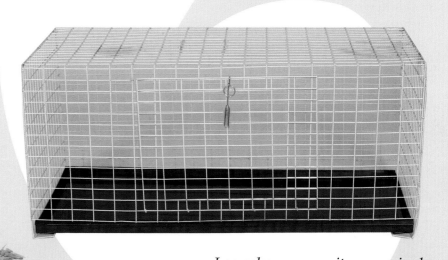

*Los cobayos necesitan una jaula grande o **conejera** donde vivir.*

*Compra una bolsa de **viruta**, por ejemplo de álamo, para hacer un lecho o colchón en el fondo de la jaula.*

*Coloca una **caja para los desechos** en una esquina de la jaula y llénala con paja limpia.*

Los cobayos duermen en el heno, pero también les gusta comerlo. Coloca una caja con heno fresco para que lo mastiquen.

Usa un tazón de **cerámica** para el alimento, para que los cobayos no lo puedan voltear ni romper con los dientes.

Los cobayos necesitan ramas de árboles frutales para **roer**. Roer evita que los dientes les crezcan demasiado.

Necesitas un cepillo para que los cobayos luzcan maravillosos.

Una botella de agua les da agua limpia para beber.

Los cobayos se aburren fácilmente. Asegúrate de que tengan juguetes con que jugar.

Hogar, dulce hogar

Puedes comprar la jaula para los cobayos en una tienda de mascotas. Asegúrate de que esté lista para cuando lleves tus mascotas a casa. Los cobayos son animales activos, así que necesitan una jaula grande. Elige una con malla de alambre para asegurarte de que reciban abundante aire fresco. ¡Nunca los tengas en una pecera! Cuando elijas la jaula, busca una con piso de metal. El piso de alambre puede lastimarles las patas.

caja con heno para dormir

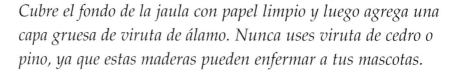

Cubre el fondo de la jaula con papel limpio y luego agrega una capa gruesa de viruta de álamo. Nunca uses viruta de cedro o pino, ya que estas maderas pueden enfermar a tus mascotas.

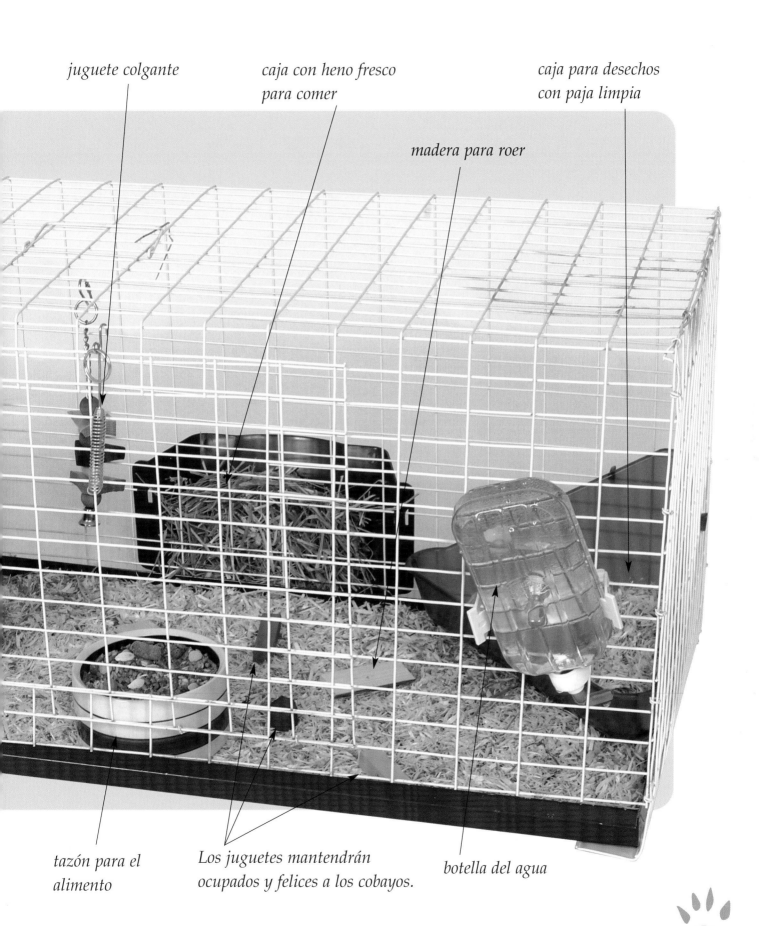

juguete colgante

caja con heno fresco
para comer

caja para desechos
con paja limpia

madera para roer

tazón para el
alimento

Los juguetes mantendrán
ocupados y felices a los cobayos.

botella del agua

¡Bienvenido a casa!

Tus nuevas mascotas estarán asustadas cuando lleguen a tu casa. Pon los cobayos en su jaula y déjalos solos unas horas. Tal vez te sea difícil no jugar con ellos, pero te divertirás mucho más cuando tus mascotas se sientan cómodas.

Si tienes otras mascotas, pueden sentir curiosidad por los nuevos animales. Pregúntale a un adulto antes de presentarle tus cobayos a otra mascota. Nunca dejes a otro animal solo con tus cobayos.

¡No tanto ruido!

Los cobayos se asustan con facilidad. Nunca les grites ni les grites a otras personas en la habitación donde viven los cobayos. Tampoco corras ni saltes por la habitación. Si estás tranquilo, tus mascotas pronto se sentirán seguras y amadas cuando estés allí.

Abrazos cariñosos

Debes tener mucho cuidado al sostener a tus mascotas. Para poner a un cobayo en tu regazo, coloca una mano bajo su pecho y otra bajo la cola. ¡Nunca lo aprietes ni lo dejes caer! Si se retuerce, ponlo con cuidado de nuevo en el suelo.

A tus cobayos les encantará acurrucarse en tu regazo para estar calentitos.

¿Qué hay para cenar?

Los cobayos necesitan una variedad de alimentos para estar sanos. Puedes comprar comida especial para cobayos en una tienda de mascotas. Pregúntale al **veterinario** qué marca comprar. La comida envasada es una mezcla de granos, semillas y gránulos. Los cobayos adultos deben comer dos veces por día.

El especial del día

manzana

Tus cobayos necesitarán frutas y verduras frescas todos los días. Asegúrate de lavar los alimentos. Un adulto te puede ayudar a cortarlos en trozos pequeños. Éstas son algunas de las comidas favoritas de los cobayos, que los mantendrán sanos y fuertes.

zanahorias

pepino

brócoli

peras

Agua fresca

Los cobayos necesitan mucha agua para estar sanos. Asegúrate de que la botella siempre esté llena de agua fresca. Límpiala todos los días y revisa que no tenga fugas.

¡No se come!

Aunque a los cobayos les gusten algunas de las cosas que tú comes, ten cuidado de no darles algo que los pueda enfermar.

🐾 Nunca les des chocolate a tus mascotas.

🐾 Nunca les des carne a los cobayos.

🐾 Si tienes otras mascotas, nunca les des su comida a los cobayos.

La limpieza

Los cobayos se lamen el pelo para acicalarse. Sin embargo, necesitarán tu ayuda para estar limpios. Acicalarlos regularmente los mantendrá saludables.

Una sonrisa ganadora

Roer ramas de árboles frutales mantendrá los dientes de tus mascotas en el largo ideal. Si los dientes todavía crecen demasiado, pregúntale al veterinario cómo acortarlos.

Una jaula limpia

Tus mascotas no estarán saludables si la jaula está sucia. Cambia la viruta y el heno todos los días. Luego lava el tazón y la botella del agua. Una vez por semana, lava la jaula con agua y jabón.

Pelo espectacular

Para acicalar a tus cobayos, cepíllalos suavemente en la dirección en que crece el pelo. Mientras los cepillas, revisa que no haya insectos en el pelaje. Revisa también que los ojos de tus mascotas estén limpios y brillantes, y que las orejas estén limpias. Tus cobayos también tendrán que bañarse de vez en cuando. Para bañarlos, usa sólo el champú que te haya dado el veterinario.

Al elegir tus cobayos, recuerda que los de pelo largo requieren de más cuidados. Hay que acicalarlos todos los días.

¡Hora de jugar!

Juega con tus mascotas una hora todos los días. El juego ayudará a los cobayos a acostumbrarse a ti y a estar sanos. Hay muchos juguetes que puedes comprar que a ellos les encantarán. También puedes hacer juguetes con cosas que ya tienes. En estas páginas se muestran algunos juguetes divertidos que los cobayos disfrutarán.

Un cambio a la vez

Haz que la jaula sea interesante para los cobayos. Prueba agregar juguetes nuevos o cambiarlos de lugar dentro de la jaula. Sin embargo, haz los cambios con calma. Si cambias muchas cosas al mismo tiempo, tus mascotas se pueden confundir. Un tubo de cartón puede ser un gran juguete para los cobayos. Se divertirán arrastrándose por él.

A los cobayos les encanta jugar a las escondidas. Corta una puerta en una caja de cartón para armar un lugar divertido donde esconderse.

Un buen ejercicio para tus mascotas es trepar por trozos de madera. ¡También es divertido masticar la madera!

Usa una piedra grande y limpia como escondite para los cobayos. Se agacharán detrás de ella.

Los juguetes coloridos de madera son excelentes para empujar y masticar.

Fuera de la jaula

Los cobayos son muy curiosos. Les gusta estar fuera de la jaula. Sin embargo, hay muchas cosas en tu casa y en el jardín con las que se podrían lastimar. Nunca dejes a los cobayos solos cuando estén sueltos en la casa o en el jardín.

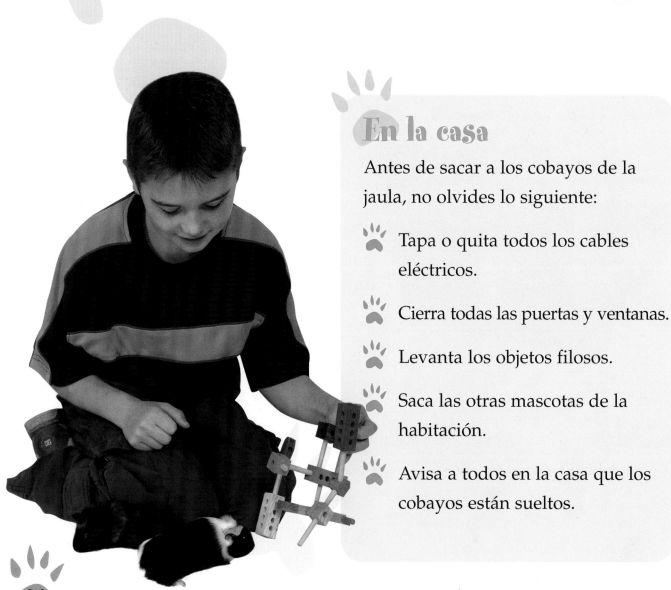

En la casa

Antes de sacar a los cobayos de la jaula, no olvides lo siguiente:

- Tapa o quita todos los cables eléctricos.

- Cierra todas las puertas y ventanas.

- Levanta los objetos filosos.

- Saca las otras mascotas de la habitación.

- Avisa a todos en la casa que los cobayos están sueltos.

En el jardín

Cuando tus mascotas estén afuera, no olvides que:

- Otros animales pueden lastimar gravemente a los cobayos, así que debes tenerlos en un lugar cercado.

- Deben comer sólo flores y pasto que no hayan sido rociados con **pesticidas**.

- La luz solar directa y el frío los pueden enfermar, así que déjalos jugar sólo a la sombra y regrésalos después de una hora.

Entiende a tus mascotas

Los cobayos tienen su propia manera de comunicarse contigo y entre ellos. ¡Hacen muchos ruidos! Suelen gorjear, chillar o ronronear. También usan el **lenguaje corporal** para expresar cómo se sienten.

¡Mucho que decir!

Los cobayos emiten sonidos por muchos motivos. Ronronean como gatitos cuando se sienten seguros y felices. Pueden chillar fuerte si están asustados o nerviosos. Los cobayos también pueden gorjear si tienen ganas de hacer amigos. Si pasas tiempo con tus mascotas, aprenderás lo que quiere decir cada ruido.

El cobayo de la derecha se pone nervioso al conocer a otro cobayo. Aleja la cabeza y se para muy quieto.

Marcar con el olor

Los cobayos tienen buen sentido del olfato. Frotan las mejillas, el lomo y la cola contra las cosas de la jaula para dejar su olor en ellas. ¡A menudo huelen las cosas para encontrar a sus amigos!

Listo para pelear

Si un cobayo está enojado con otro, usará el lenguaje corporal para expresarlo. Cuando se enojan, abren mucho la boca para mostrar sus filosos dientes. También se les puede erizar el pelo y así se ven más grandes y amenazadores. Si tus cobayos se enojan mucho, pueden hasta pelear.

Visita al veterinario

El veterinario es un médico para animales. Te ayudará a que tus cobayos estén saludables. Debes llevar tus nuevas mascotas al veterinario apenas los tengas. Él puede asegurar que los cobayos estén sanos y responder a tus preguntas.

La visita anual

Tus mascotas deben visitar al veterinario todos los años para una revisión general. El veterinario revisará a los cobayos y te dirá si están enfermos. También les cortará las uñas. Hay que tener cuidado al cortar las uñas. Si se cortan demasiado, sangrarán.

Cuándo buscar ayuda

Si observas alguno de los siguientes cambios en el cuerpo o el comportamiento de una de tus mascotas, llévala al veterinario.

 Pierde el pelo.

 Duerme más de lo usual.

 Tiene los ojos nublados o la nariz mojada.

 Bebe más agua.

 Come poco o nada.

 Vomita mucho.

Una larga vida

Recuerda que debes darle a tus mascotas un hogar limpio, buena comida y mucho amor. Si los mantienes saludables, tus cobayos vivirán felices mucho tiempo contigo.

Palabras para saber

Nota: Es posible que las palabras en negrita que están definidas en el texto no aparezcan en esta página.

alérgico Palabra que describe a alguien que tiene una reacción física a algo, como un alimento o caspa de animales

cerámica Material hecho de arcilla cocida

conejera Un gran corral de madera donde viven animales pequeños

criador Persona que reúne cobayos para que tengan crías

lenguaje corporal Mostrar sentimientos moviendo distintas partes del cuerpo

pesticida Producto químico que sirve para matar insectos

refugio de animales Centro donde albergan y cuidan animales que no tienen dueño

roer Masticar a fin de desgastar los dientes

veterinario Un médico que atiende animales

Índice

1 2 3 4 5 6 7 8 9 0 Impreso en Canadá 5 4 3 2 1 0 9 8 7 6